問聞開門

問聞開門

峭命 金思江

제10집

신아출판사

| 감삿말 |

아내가 아프고 경황이 없던 차

시를 놓고 살았으니
세상과 멀찍이 거리를 두고서 살았으니

몇 해가 지났는지
기억조차 놓고 사는 나를
일으키는

전화기 너머 목소리

신아 출판사 서정환 선생님께 감사드린다,

| 머리글 |

시는
읽혀서 누구나 쉬이 알아 마음을 전달하고
마음을 움직여 공감하는 거다

시는
언어요
그림이요
몸짓이요
음악이요
소통이요
감동이요
교감이요
마음이다

시는
어렵고
잘 꾸며야만
장황하고
품위가 있어야만 하는 게 아니다
시는
천박하고 무지해도 좋다
진솔하면 된다

참 마음을 전하는 그 마음이면 족하다
읽혀서 누구나 쉬이 알아서
그들의 마음을 움직여
위로를 준다면

그게
최고의 시인 게다

서로 공감하여 마음이 통하면
그뿐이다.

부질없고
부질없고
부질없어라

해서
글조차도 멈추고 망설였느니
오랫동안 망설였느니

허나
아무것도 하지 않는 것보다
무엇이라도 해야만 될 것 같아서
또다시 글을 쓰느니

부질없음을 알면서도
살아 있으니
살아야 하느니

삶이 두려워도
죽음이 두려워도
죽는 날까지는 살아야 하느니

사는 동안
나 스스로
부디 길을 잃지 않기를 바라는 마음으로
소일하듯 시를 쓰느니
빈시를 쓰느니

여기 부질없음을 알면서도
또다시 책으로 내보내니
부끄럽다
부디 너그러운 이해 바란다.

시호림 초천제에서
초명사강

| 차례 |

감삿말 · 4
머리글 · 5

제1부

꽃 · 12
노인 · 14
하늘에 · 16
사람 살이 · 18
풀 · 20
푸른 고목 · 22
남도 · 23
숲에서 · 25
그리움 · 26
사람 살이 · 27
꿈 · 28
꿈 · 29
꿈 · 30
소꿉놀이 · 31
번뇌 · 32
세상살이 · 33
잎새 · 34
고란사 · 35
오늘 · 37

제2부

지금 · 40
바람 · 41
회상 · 42
길 · 43
지금 · 44
고목 · 45
나의 위치 · 46
삶 · 48
삶 · 49
들꽃 · 50
찰라 · 51
구름 · 52
사람 살이 · 53
들꽃 · 54
사람 살이 · 55
사람 살이 · 57
닭 · 58
닭 · 59
닭 · 60

제3부

전쟁 · 62
동백 · 64
소리 · 65
해 · 66
바다 · 67
인연 · 68
봄날 · 69
병상에서 · 70
병상에서 · 71
병상에서 · 72
병상에서 · 73
병상에서 · 74
병상에서 · 75
병상에서 · 76
병상에서 · 77
병상에서 · 78
병상에서 · 79
병상에서 · 80
병상에서 · 81

제4부

병상에서 · 84
병상에서 · 85
병상에서 · 86
병상에서 · 87
병상에서 · 88
병상에서 · 89
병상에서 · 90
병상에서 · 91
병상에서 · 93
병상에서 · 94
병상에서 · 95
꽃 · 96
닭 · 97
닭 · 98
닭 · 99
닭 · 100
닭 · 102
병상에서 · 104
의자 · 106
세상은 · 107

잡문

비평의 어원 · 110
시에 대한 비평과 감상 · 111
작품에 대한 감상법 · 112
시에 대한 감상을 두려워하는 독자들에게 · 113
책에 관하여 · 115

꼬리글 · 119

제1부

꽃

산을
오며 가며
어느 날

풀포기에
풀꽃이
다소곳이 피어

참 곱기도 해서
보기에 참 좋아서

아내에게
이 풀꽃
집으로 데려가자 하였더니
그대로 두자 한다

산이 그리워서
산이 그리워서
이내
죽을 거라고

보고 싶으면
산에 와 보잖다

오며 가며
두고두고 보잖다.

노인

앞에 가는 이는 노인이다
내가
뒤따라 간다

앞서가는 이의 보폭은 좁고 느렸다

나는 그 노인의 발자국을 따라가고
보폭이 넓고 빠른 내 발자국은
내 뒤를 따라오고
길은 뒤에서
따라오고

한때는
앞서가는 이도
젊었다
누구보다 빨랐고 보폭도 넓었고
젊었다

언제부터였을까
나의 보폭이 좁아지고 느려졌다

보폭이 좁아지고
느려지는 것이
삶이라는 걸 알았을 때

나는
이미
노인이 되어 있었다.

하늘에

나고
죽는 거 하늘이 하는 것이니
한번 살다 가는 거
사는 대로
살아지는 대로
그리 살다 가면 되지 않으랴

걱정한들
고민한들 무엇이랴

나고
죽는 거 하늘이 하는 것이니
한세상 사는 거
세상 시름 놓아두고
즐겨가면 아니 되랴

봄날
화전놀이 하듯
그리 즐겨가면 아니 되랴

어차피
나고 죽는 거

한 번뿐이니
한 생 즐겨 살다 가면
좋지 않으랴.

사람 살이

다들
어렵고
괴롭고
아프다 한다

자기만
아프고
어렵고
괴롭다 한다

하지만
남도
어렵고
괴롭고 아프다

내가
어렵고
아프고
괴로우면
남도 그러하지 않으랴

세상 사는 거

그런 거다

다
아프고
괴롭고
어렵다

산다는 거
별거냐
그냥 그러려니 사는 거지

그래도
살아 있음이 다행 아니냐
하루하루 살다 보면
그게 행복 아니냐

다들
아프고
괴롭고 힘들어도
그게 삶이니

죽으면 그마저도 없느니.

풀

풀 한 포기가
봄날에
새순으로 와서
잎을 내고
꽃을 피우니

나는
그 꽃을 보고 행복했어라

한 생
살면서
나보다 짧은 생을 살면서

내게
즐거움을 주고
행복을 주었느니

풀 한 포기의 삶이
어디 하찮으랴

나는
누구에게

단
한 번이라도

어디
행복이었으랴
기쁨이었으랴.

푸른 고목

저
나무는
늙어서도
푸른 잎을 내고 꽃을 피우는데
홀로 남아
이 무슨 청승이냐

인생무상이로세

세상 부질없고
세월 덧없어라

나도
한 번 더
푸르러서
꽃을 피워 봤으면

천년 고목 아래서
늙은 할머니의 탄식 소리에
반쯤 땅에 박힌 허리만큼
땅이 꺼진다.

남도

걸망 하나 걸머메고
남도의
짠 내 비릿한
바닷바람이나 담아오련다

모래톱
해당화 앙칼진 가시같이
톡 쏘는
바닷바람

남도 가시내
촌스러운 재잘거림이 묻어나는
파도 소리

고깃배에
투망을 걷어 올리는
우직한 뱃 사내들의 비릿한
땀 내음

나는 걸망에
사람 사는 남도를
그런 바닷바람을 담아 오련다

내가
한 번도 가보지 않은
막연한 그리움
남도에 가면.

숲에서

산에서
바람이 부는 휘파람 소리는
해를 부르는 것이었다

어둠 속에서
바람이 부는 것이
아무래도
사는 것이 차가운 것이다

새들이
뒤척인다

풀이 일어나고
휘파람 소리에
해가 솟는다

나는 어디로
나는 여기
길 잃은 나는

길이 없는 숲에서
바람이 차다.

그리움

꽃이 피네요
그대
스쳐 지나는 바람이
그대를 기억할까요
향기를 가져가네요
꽃잎이 떨어져요
무심한 바람이
그댈 기억할까요

사람 살이

걸망 하나 걸머메고
남도의
짠 내 비릿한
바닷바람이나 담아 올란다

내게
시간이 주어진다면

남도 어디쯤
바람이 노닐어
마음 가는 곳,

꿈

바람같이
구름같이 꿈을 꾸나 보다

자고 일면
꿈인 줄 알리라

내가 살아서 꿈이랴
내가 죽어서 꿈이랴

허망하여라

내 깨어나면
다시 살랴
다시 죽으랴

꿈이랴

꿈 깨고 나면
나는
구름이랴
바람이랴

허망이어라.

꿈

바람이어라
구름이어라

산다는 거
꿈이더라

깨고 나면
이승이랴
저승이랴

바람이 불고
구름이 간다
내가 꿈을 꾸나 보다

깨고 보니
한 줌 바람이요
한 줌 구름이더라.

꿈

오늘
다시 꿈을 꾸랴
기억나지 않으니

내가
사랑하는 사람
그 얼굴이 기억나지 않으니

오늘
다시 꿈을 꾸랴

내가
사랑하는 사람
그
얼굴이 보일 때까지

영원히 잠을 자랴

나의 기억은
어미 뱃속이다.

소꿉놀이

어릴 적 소꿉친구들은
어디서 잘살고 있는지

그 어릴 적
마냥 즐겁기만 하던 소꿉놀이가
지금은 즐겁지 않으니

그때는 몰랐느니

소꿉놀이가
어른의 삶이라는 걸

삶의
무게라는 걸.

번뇌

반백 년을 넘겨 산 것도
기적이지만
앞으로 남은 세월을 견뎌내는 것도
두렵고 무섭지만

내가 두려워하는 것은
죽음이니
어찌 죽어야 잘 죽는 것인지
고민이 든다

하늘에 메인 것이 목숨인 줄 알지만
신이 할 일인 줄 알지만

대신하여
가끔은 쓸모없는

나는
참
잘 죽어야겠다.

세상살이

돌아보니
참 아득하니 기억도 없이
오래도 살았구나

마루에 앉아 먼 산 바라보니
뉘엿뉘엿 해가 넘어가는데

달도 보고
별도 보고

오래
오래 살라는 말이 무섭더라.

잎새

곁에 있던 이들이
하나
둘
떠나고

잎새는
홀로 남았다.

곁에 있던 이들이
하나
둘
떠나고

비워진 가지에
잎새
하나
남았다.

고란사

구름 도는
도솔천
산기슭 어딘가에
고란사가 있을 거라고

고란초 넓은 초지에
사슴 몇 놈 뛰놀고 있을 거라고

부처는
먼발치 뛰노는 사슴을
미소로 바라보고 있을 거라고

왜 그런 생각이 드는 걸까.

가보지 않은
고란사

도솔천
아래
산기슭

뛰노는 사슴이

부처가

막연하게.

오늘

어제는
당신의 미련이요
기억이요
추억이요
이별이지요

내일은
당신의 소망이요
희망이요
만남이지요

하지만
당신이 사는 건
오늘
지금이라오

어제, 오늘, 내일
그중
가장 소중한 건
오늘
지금의 당신이라오.

제2부

지금

지금
당신이 할 일은
만족하는 것이요
사랑하는 것이요
행복해하는 것이요

어제는 당신이 한 것이요
오늘은 당신이 하는 것이요
내일은
신이 하는 것이라오.

바람

바람은
머물지 않으며
소멸을 두려워하지 않으며
방향을 정하지 않으며

바람이 부는 건
이유가 없다.

회상

해가 지나 보다
물이 흐르나 보다

거스르지 않고
참 잘 살았다.

길

젊어서 길을 보니
갈 길이 아득히 멀어
막막하더니

늙어지니
지나온 길이 아득하여
기억조차 희미하더라

남은 갈 길이 짧아

아등바등
더디 가려도
갈 길은 빨리도 짧아지니

인생 덧없고
허망하니
부질없어라.

지금

어제가 그립다 그린들
다시 오랴

내일을 소망한들
그리 오랴

사느니 여기
지금이라

어제도 부질없고
내일도 실없다

어제도 미련 없고
내일도 정없다

차라리
지금만
행복하고 말란다.

고목

나무
하나가
잎새 하나 틔우고서
삶이란 것을 알았다고

꽃을 피우고서
참삶이라는 것을 알았다고
꽃을 피우고서

그러나
꽃이 지고서
그때야
진정 참삶을 알았다고

잎새조차
다 떨구고야
그 삶이 부질없음을 알았다고

잎새는 떠나고
꽃잎은 허상이라

고목은 그때야 허무가 되었다,

나의 위치

초라한 내가 하늘 아래
서 있다
부끄러운 내가 땅 위에
서 있다

어디로 가야 하나

살다 보니 갈 길을 잃었다
한 생 헤매다 보니 늙었느니
나에게는 나침반이 없다

지금은
단순히 숨을 쉴 뿐
기억도
생각도 없다

바람이 불고
해는 저물고
나는 그냥 멈춰서 있다
내가 저물어 간다

나에게는

나침반이 없다

어디로 가야 하나.

삶

흐르는 게
물 뿐이랴

그 사이
꽃이 피고 지는 것도 흐르는 것이니

봄
여름
가을
겨울

계절이 흘러
나도 흘러가더라

흐르는 게 물 뿐이랴

눈물도 흐르고
돌덩이 같은 인생도 흐르더라

허망하게 흐르는 게
삶이더라,

삶

인연은 끊어지는 거
기억은 지워지는 거

애쓰지 마라
부질없고
부질없으니

이승 저승
그 사이 어디쯤
바닷가를 떠도는 바람

바랑에
바닷바람이나
담으로 갈까 보다

산다는 거
별거 아니니
오늘을 견디는 거라.

들꽃

꽃이 핀다
피었다 좋아 마라
곧 지느니

지는 꽃을 슬퍼도 마라
그게 삶이니

무너진
하늘을 떠받칠 순 없어도
하늘을 뚫고서라도
다시 피는 게
꽃이니

사는 게
그런 목숨이다

질긴 목숨
들꽃이다.

찰라

잠깐이더군

꽃
한 송이가
피었다 지더군

한때 젊었더니

세월은
어디에도 머물지 않더라

거울 속에
허름하게 낡아
저승꽃이 덕지덕지 핀
노인이

보니
나더라

덧없이 흘러간 세월이

잠깐이더군.

구름

영원한 건 없는 거
때가 되면
사라지는 거

소멸이 패배는 아니니
사는 동안
최선을 다하는 거

사라져도
또 다른 무언가가
비워진 자리를 채우고
살아가는 거

영원 한 건 없느니
다만
살다 보면 살아지는 거

구름은 소멸을 개의치 않는다.

사람 살이

생겨난 것은 떠나야 한다는 걸
언약은 없었으나
반듯이 헤어짐을

나는 안다오

만나서 웃고 울고 부대끼며
아파야 했던 사람살이

끈끈한 정도
원수 같은 서글픔도
떠나야 한다는 걸

산다는 거
결국
이별이외다

허허로운 웃음밖에

사람 살이
참 딱하오.

들꽃

내 하늘은
내 땅은 어디였더냐

살아 보니 알겠더라

사는 동안

짓밟히고 짓밟히던 들풀이
속울음 삼켜내던
들풀이

내 하늘이요
내 땅이었더니

그래도 악착같이
꽃을
피워냈느니

내
한 생 꽃을 피워내는 것이었더니

들꽃이라.

사람 살이

늙은 내가
고향에 두고 온 어린 나를 찾아 간다

어둠 산
이승과 저승의 경계 어디쯤
노을 너머 어디쯤

가끔은
말라버린 기억의 틈새로
서글픈 얼굴을 하고서

어린 내가
낡아빠진 나를 찾아도 온다

기억은
안개 속 후미등처럼
깜빡거리고
가끔은
길을 잃어 나를 놓쳐도

어둠 산
이승과 저승의 경계 어디쯤에서

노을 너머 어디쯤에서
나를 만난다

그리움으로.

사람 살이

꽃이 진다
슬퍼 마라
꽃이 지면
열매가 열리니,

닭

때로는
기억이
망각보다 못하니

기억력이
3초

그래서
닭대가리라고 하지만

그
3초의 기억조차
두렵고
슬픈 게 기억이다

때로는
가시처럼
기억이 나를 슬프게 한다.

닭

고깃덩어리가 되기 전
해방은 되었으나

공포는
그때부터 시작이었다

살아서
살아서

산 것이
죄가 되는

목이 비틀린 채로
목이 잘리고

죽어서도
뜨거운 물에
가죽이 벗겨지는
공포는

찰나의 자유보다
길었다.

닭

그때
남의 땅이 된 순간

살고 싶어서

목숨 부지한 것이

살아서
살아서

죄가 되는

아비
어미 자식이라서

힘없는
어미
아비
자식이라서

죄인이었다.

제3부

전쟁

우주가 혼돈으로 있다가
질서를 가졌을 때
그 질서와 혼돈 사이에서 생겨난 것이
생명이라

우주가 질서를 잡으매
해와 달과 별들이 자리를 잡으니
낮과 밤이 생겨나고
땅과 바다로 나뉘고
높은 곳은 산이 되고
산과 산 사이 계곡이 생겨 물이 흐르니
강이 되고
낮고 넓은 땅은 평지가 되었느니
산보다 높으면서 해와 달과 별이 떠 있는 곳은
하늘이 되었다

혼돈과 질서 사이에서
생명이 생겨나니

하늘의 것
땅의 것
물의 것이 그 환경에 맞추어 생겨나니

모습도 성질도 섭생도 다 제각각 달랐느니

그렇게 질서와 혼돈 사이에서 생겨난 것이
생명이었더라.

생명은
물같이
흘러
흘러
생존을 위하여
서로를 해치는 혼돈의 자식이 되었더라.

〈러시아의 트럼프, 미국의 푸틴. 혼돈의 찌꺼기,
방관하는 유럽 사이에서 슬픈 우크라이나.〉

동백

바닷가
모래밭 한구석에

동백꽃이
피어

밥상에
도다리쑥국이 올라

마주한 동백이
좋더라

이맘때는
개 숭어도
참 숭어도 부쩍 살이 올라

힘이 좋다고
자랑이다

마당에 핀 동백꽃이
좋더라,

소리

숲에서
바람이 분다

소리가 난다

소리가 있다는 것은
살아 있다는 거다

체온이 있다는 거다

심장이

피가 돌고 있다는

숲속에서
소리가 난다

살아 있다는 거다

숲이.

해

해가 떨어졌다
그곳
바다는
바닷물이 쩔쩔 끓어 오르것다.

바다

흐르고 보니
부질없더라

흐르는 그조차도 부질없더라.

인연

찰라
스쳐 지나는 것이
인연이니

인연은
머물지 않아라

설핏 정 두어
맘 상할까 두려우니

홀로 살다가
홀로 시드는 게 인연이라 하자

인연은 머물지 않느니

이별이어도
슬퍼하거나 서러워 마라

어차피
인연은 이별이니.

봄날

아픈 아내가

새순이 돋아
잎새가 나려나

봄이런가
꽃이 피려나

아픈 아내가

겨울이 어디고
봄이 어디고

여름 다 지나서
내게 물으니
할 말이 없어

지금이지
지금이지

아내의 계절은.

병상에서

사람은
병이 드는 순간
인간의 존엄은 사라진다

푸줏간의 고기마냥
돈으로 거래된다.

병상에서

병실에서
영안실까지의 거리는
제로

목숨값도
제로

허무다.

병상에서

사람은
이승과 저승을 오가는 순간에도
한 뼘이라도
더
이승에 남기를 원한다,

병상에서

병실의 벽에는
저승으로 통하는 시계가 걸려 있다.

병상에서

사방이 어색한 벽이다
나갈 수가 없다

입구도
출구도 없는
답답한 관속

아니
육방이 벽이다.

병상에서

화장터에서
소각되다

타고 남은
죄.

병상에서

병실의 긴 복도는
이승과 저승이 한 길이다.

병상에서

계단이
있다

내려가는 계단이 있고
올라가는 계단이 있다

계단이
있다.

병상에서

살다가
살다가

갈림길이어도
굳이
선택할 필요는
없다

그조차도
내려놓아도 좋을 때가 있다

지금이다,

병상에서

사는 동안
죄가 많다

살고지고

짐승과 나와의 거리는
풍습의 차이다

두꺼비의 자식들과
사마귀의 어미를 벌하겠는가

사는 동안
밥 먹고 똥 싸는 거
그게 죄지

별거 아니지
사는 거
그게 사는 거지
사는 게 죄지.

병상에서

천년만년 살다 가자
하루
한해
세지 말고

이왕에
한 번 사는 거

그냥
세월 가는 거
잊어버리고

천년만년 살다가
꿈같이 가자.

병상에서

수술대에
독한 술로 마취된 나를 누이고

두개골을 쪼개
사과 속을 스멀스멀 기어 다니며
생각들을 파먹던 벌레들을
긁어내고

감쪽같이
두개골을 붙여 놓았는데

나는
정작
사과나무를 갉아 먹은 건
내가 갉아 먹은 거라고

벌레는 일상의 본능적 삶이었을 뿐

사과를 갉아 먹은 건
나라고

그리 생각하였다.

제4부

병상에서

응급실은
아비규환

지옥의 초입이다

119 구급대에 실려
들어서는 순간.

지옥과 천당은 분리되지 않은 채로
혼재된 채로
아수라

생사가 갈리는 건
찰라

응급실은
비워지고 있었다
채워지고 있었다.

병상에서

저기
노을을 보시게

서녘 하늘에
뉘엿뉘엿
내가 저물어 가네그려.

병상에서

젊어서
혈기 하나로
세월을 탕진하고서

늙어서야 깨달으니
후회와 회한뿐

병든 몸 끓고서
지난날을 회상한들
무슨 소용이랴

저승이 코앞이라
허망하고
허망하니

인생무상이라,

병상에서

창밖을 보니
풀들이 부러운 건

난생 처음이었다

새파랗게 젊은 것이

난생 처음이었다

살아서
살아서

피운 꽃
작은 꽃이

난생 처음이었다.

병상에서

비교하고 살지 않았다
가난하고
못났어도

그냥 살았다

지금은 비교를 한다

생생히
살아 있는 푸르름과
시들어가는 나를

나는
비교하지 않는다
비교한다,

병상에서

하루살이의
하루가

평생이라면

천년만년
억겁의 세월이라

내가 산 세월이

하루살이는
열심히 살았다.

병상에서

언약이라
최선을 다해서

사는 만큼
살아지는 대로

하지만
하루라도
한 뼘이라도
더
함께 살다가

한 뼘만큼

그만큼만 더

사랑하다 가랴,

병상에서

죽을 때가 되었으니
농사는 그만하고

평생 허리가 굽었는데

늙은이의 허리는
굽어서
땅만 본다

새끼들 생각에
호미를 놓지 못하는데

딸들도 주고
아들들도 주고

죽을 때가 되었는데

아무도 찾지 않는다
아무도

농사는 그만하고
죽을 때가 오늘이니

아무도
찾지 않는다.

병상에서

비상구가 없다

길은
한 길

출구가 없다

발버둥 치고
버텨 보아도

물살에 휩쓸리듯 간다

어쩔 수 없다
쓸려 갈 수밖에

세월은
비상구가 없다.

병상에서

딱
당해 보아야 알지

지나간 날들의
후회

당해 보아야 보이지

지나간 날들의
깨달음

딱
당해서야

부질없음을 알다니
허망하여라.

병상에서

병이 들어서 보니
죽어서 보니
알겠더라

내가
얼마나
얼마나 진창이었는지

병이 들었을 때도
죽었을 때도

나를 찾는 이
아무도 없더라

입은 있어도
할 말이 없더라.

꽃

내가
꽃을 보는 건
예뻐서가 아니다

딱해서
아주 딱해 보여서

한순간 피었다가 스러지는 것이

그뿐

아니다
내가 꽃을 보는 게
내가 아니라
꽃이 나를 보는 거다

안쓰러워서
애처러워서

내가
나를 보는 거다.

닭

영문도 모르고
끌려서 간다

스페인의 여왕 〈이사벨〉에게 바쳐지는
흑인 노예들처럼
목선 밑창에 쟁여지듯

80년대
암흑의 터널

닭장차에 실려서 간다

목숨
사는 동안에

가장

길고

먼

항로였다.

닭

좁아터진
독방에서

바람도 오지 않는
달빛도
햇볕도 들지 않는 방에서

주는 밥이나
떠먹고
피똥만 줄줄이 싸다가

어느 날 햇볕이 들면
그날이
자유
황천길 가는 날

마지막으로
퇴화한 날개
깃 세워 파닥여 본다.

닭

닭장차에 실려서
간 곳은
도살장이었다

배가 터진 채로
목이 비틀어진 채로
내장이 길거리에 너부러진

도살장이었다

피는
강을 이루고

군홧발은
선명하였다.

닭

누구도
죽음에 대하여
묻지 않았다

누구도
죽음이
어디서 시작되었는지

어떻게
죽었는지
묻지 않았다

언론은
말문을 닫았고

죽은 자들은
말이 없었고

아무도
책임지려 하지 않았다

길거리에

내던져진 사체는
방치되었고

그렇게
여러 날

수많은 사체들이

들것에 실려
땅에 묻히기까지

손으로
하늘을 가리고

세상은
말문을 닫았고

그렇게
닫혀 있었다.

닭

지금도
가끔은
아우슈비츠 이야기를 한다

그때
한 생명이

값없이

한순간에

아니
한순간에
그 많은 목숨들이

너희들이
태어나기 이전

오월
어느 날

바람에 꽃들이 떨어졌다고

그런 꽃잎들이 있었더라고

봄이 오면
기억하라고.

병상에서

요즈음
새파랗게 젊은 풀을 닮아보려고
무던히도 애썼다

하지만
나이는 먹었고

이미자가
송창식이
조용필이
심수봉이

나는 늙어 있었고
새파랗게 젊은 풀을 닮아보겠다고

낙엽 하나가
바람 부는 세파에 나뭇가지에서
간신히 매달려서

요즈음
유난히 슬퍼 보이는 것은

겨울이 내 앞에 섬뜩하게
다가섰다는 것일게다

가을비는 내리고
매서운 바람에 아내가 더 위태롭다.

의자

의자가 있다

의자에는 계급이 있다

한때
화려했던 의자가 있다

하지만
쓰다가 쓰일모 없어지면
가차없이 버려지는 의자의
운명

한때의 영화는 값없이
쓰레기더미에 섞여
널부러진 의자가 있다

씁쓸한 의자가 있다,

세상은

멀리서 보면 천국이요
가까이서 보면 지옥이라
그게 세상이니
지옥과 천국은 따로 없느니
내가 사는 곳이
지옥이요
천국이라

사는 동안
사는 만큼만 살다가
천국도 지옥도 오가며 살다가
그만하고 싶으면
그만두고 쉬면 되지 않으랴.

잡문

비평의 어원

"본시 비평⟨criticism⟩이란 말의 어원은 라틴어 criticus에서 온 말로 감정사, 심사원, 재판관, 심판 등의 의미를 가지고 있으며, 희랍어에는 krinein이라는 말이 있는데 이는 분할, 구분 또는 결정하다, 식별하다, 권위 있는 의견을 말하다라는 의미를 가지고 있다.

더러는 비평이라는 어원을 위기⟨crisis⟩ 또는 고비라고 해석하여 어떤 문제성에 대한 제기와 해결방법으로 보는 경우도 있다."

시에 대한 비평과 감상

 우리가 흔히 비평이라는 것에 대하여 이야기 할 때 작품만을 두고 논할 것인가, 작가를 포함해서 그의 삶과 시대적 배경을 함께 다루어야 하는가에 대하여 고민을 많이 하게 된다. 과연, 어느 것이 옳은 비평인가라는 것인데, 어느 부류는 전자를, 어느 부류는 후자를 주장한다. 어찌 보면 모두 다 정답일터, 옳고 그름의 문제는 아닌 듯 싶다. 나는 개인적으로 전자를 응원하고 싶다. 그렇다고 후자를 배척하거나 비판하지도 않는다. 다만, 내 선택일 뿐이다. 내가 전자를 택하는 이유는 작품은 작품만으로 평가되어야 한다는 생각에서다.
 작품은 작가로부터 독립된 자유의지의 생명체이기 때문인 것이다. 다만, 작가와 작가의 삶과 그 시대적 배경에 관하여 굳이 논하려 한다면, 따로 작품과는 별개로 다루어져야 한다는 것이다.

작품에 대한 감상법

작품에 대한 감상법은 따로 없다고 본다.
어느 작품이든 보고 듣고 만지고 느껴지는 그대로 느끼면 되는 것이다, 고상할 필요도 해석할 필요도 없다.
느낌 그대로 받아들이면 된다.
여기서 좋은 작품에 대하여 내 생각을 피력하고 싶다.
좋은 작품이라는 것은 한 작품을 두고서 만인이 감상을 했을때 만인이 느끼는 감흥이 다 달라야 좋은 작품이라고 생각한다.
독자마다 느끼는 정서가 다르고 시각이 다른 이유에서다.
작품은 획일적이고 단순하게 하나의 답을 요구하는 것도 아니고 여러 색과 모양, 메시지를 가지기 때문이다, 하나의 메시지를 전하려 한다면 굳이 작품이 아니어도 되는 것이다. 작품이라는 것은 독자로부터 많은 생각을 하게 하고 폭 넓은 선택으로 각자의 느낌대로 느끼길 원한다.

시에 대한 감상을 두려워하는 독자들에게

　독자들이 시를 가까이하지 않는 것은 시가 어려워서가 아니라 감상에 대한 두려움에서 오는 것이 아닐까 싶다. 시를 읽고 해석하거나 무엇인가 거창하고 고상한 것을 알아야 하고 느껴야 할 것 같은 부담감에서 오는 두려움이 아닐까 한다. 그러나 그것은 독자들의 오해요 곡해다.
　시라는 것은 시인의 감정이나 정서를 쉬이 풀어낸 말일 뿐, 특별한 것이 아니다.
　시라는 것은 읽고 노래하고 느끼면 되는 흥인 것이다.
　몸에서 마음에서 느껴오는 감흥인 만큼 가벼이 읽고 느끼면 되는 것이다. 굳이 해석하고 비판할 필요는 없다. 읽어서 느껴오는 감흥을 즐기면 되는 것이다. 특별하게 해석하고 고상할 필요가 없는 언어의 노래인 것이다. 우리가 일상에서 느껴오는 마음과 몸의 흥얼거림인 것이다. 시라는 것은 이를 쉬이 풀어낸 말인 것이다. 시를 읽는 것은 이론이 필요 없다.
　비평도 비판도 필요치 않다. 다만 읽고 느끼는 것이다.
　독자들은 시를 읽고서 느끼는 것이 남과 다르다고 부끄러워 말아야 한다. 절대 부끄러운 것이 아니다.

　이상하다 여기지 마라. 그것은 당연한 것이고, 정상적인 것이다. 아주 완벽하게 감상을 하고 있는 것이다.

　독자들은 시를 읽고 느끼면 되는 것이다.

　즐기면 되는 것이다. 시는 절대 한 모습, 한목소리. 한색을 가지고 있지 않다. 독자가 느끼는 것이 곧, 시의 소리요 시의 모양이고 색인 것이요, 시의 생명인 것이다.

책에 관하여

　책이라는 것에 대하여 한 번쯤 생각해 보기로 한다.
　나는 늘상 책이라는 것을 옆에 끼고 살았으면서도 책이라는 것에 대하여 깊이 생각해 본 적이 없다.
　해서, 맘먹고 생각해 보기로 한다. 책이라는 것은 도대체 무엇이고, 왜 책은 만들어지고 사람들은 책을 읽고 읽어야 한다고 생각하는 것인가.
　해서, 책을 이루는 글이라는 것, 그림이라는 것을 먼저 생각하기로 했는데, 아무래도 글을 쓰고 그림을 그리는 사람을 먼저 생각해야 할 것 같아서, 사람을 먼저 생각해 보기로 한다.
　사람들은 생각하고 행동한다는 것이다. 사람들의 생각과 행동을 문자와 그림으로 표현하고 오래도록 기억하고 후대에 전하려 한다. 해서, 기록이라는 것을 시작했고 그 기록을 모아 놓은 것이 요즘의 책인 것이다. 사람들이 태어나서 죽는 동안에 많은 하고 싶은 것, 이룬 것, 자기가 아는 것을 후대에 남기고 싶은 것, 자랑하고 싶은 것, 절실하게 하고 싶은 말, 심심풀이 수다, 등등을 기록하고 기록하다 보면 그것이

곧 책이 되는 것이다. 사람들은 그리기 좋아하고 기록하기 좋아하고 그것을 통해서 남기고 싶어 한다. 해서, 사람들은 책을 만들고 그 책이 궁금하고 그들의 지혜와 지식이 궁금해서 읽고 그 책을 통해서 그 궁금증을 해소하고 그 위에 또 다른 지혜와 지식을 첨가하면서 기록을 하고 그 기록이 모이면 또 다른 책이 되는 것이다. 내가 보기에 책이라는 것은 별것이 아니고 특별한 것이 아니기에 누구나 자기의 생각과 행동을 기록하다 보면 저절로 만들어지는 것이 책이라 생각된다.

어떤 이는 기록하지만, 어떤 이는 기록하지 않는다는 차이고, 어떤 이는 기록 했지만, 그 기록을 소중히 하지 않아 아무렇게나 취급하여 버린다는 것이고, 어떤 이는 그 기록을 소중히 여기고 지켜 보관한다는 차이다. 다만, 사람들은 누구나 기록하고 그린다는 사실이다.

사람들의 기억은 한정적이고 지혜나 지식 또한 사람마다 차이가 있고 한계가 있어서 남의 생각과 행동을 답습하거나 활용하지 않으면 세상에서 살아남기가 힘들다는 것이고 지혜나 지식의 발달이 엄격히 제한된다는 것이다. 해서, 사람들은 공부라는 것을 통하여 배우고 배우는 것이고 그 매개체가 책이라는 것이다. 책을 기록하는 것은 사람이지만 사람을 만드는 것은 곧 책이 되는 셈이다. 다시 말하면, 나보다 출중한 사람이 남긴 그 기록이 나에게 그 사람의 지혜와 지식을 주고 나는 그 지혜와 지식을 통하여 새로운 지혜와 지식을 남기는 것이니 사람에게 있어 책이라는 것은, 유전인자와 같은 것이고 그 책이, 그 기록이 지혜와 지식의 보고요, 샘이 되는 것이다.

해서, 기록이라는 것, 책이라는 것이 중요한 것이다. 사람은 본시 무지하다. 망각의 동물이고, 그 망각을 통하여 위로 받고 살아간다.

하지만, 한정된 기억을 연결해 주는 것은, 그 무지를 일깨우는 것은 기록의 유전인자요, 그 유전인자를 담고 있는 책이다.

사람은 망각의 동물이요, 망각은 사람이 살아가는 원동력이다.

사람이 사는 곳은 시공간이다. 태어나면 죽고 세상 어느 것도 생멸을 비켜 가지 못한다. 하지만 존재하는 동안에 많은 좋은 일과 나쁜 일이 교차하면서 존재를 누리는 것이, 존재 이유인 것이 세상의 것이고 생명이 누릴 수 있는 현실인 것이다. 그중에서 생각하는 생명이라면 좋은 일만 있으면 좋겠지만 견디기 힘든 일들을 체험했을 때에는 상황이 다른 것이다. 만약에 나서부터 죽을 때까지의 모든 것을 다 기억한다면 과연 사람들은 견디낼 수 있을까. 그 많은 상처의 기억들을 감당할 수 있을까.

나는 아니라고 본다. 사람들의 기억, 지금 현존하는 기억,

망각하고 남은 그 짧은 기억 속에서 오는 충격에도 미치는 것이 사람이다. 하물며 망각이 없는 온전한 기억 안에서 층층이 쌓이는 충격을 과연 버텨낼 수 있을까. 아니라고 본다.

사람들이 그나마 살아남을 수 있고 세상의 것들이 존재할 수 있는 것은 바로 시공간에서의 망각이 존재하는 이유에서라 할 수 있다. 사람은 망각의 동물이다. 해서 존재하는 것이고 그 망각을 일깨우고 연결해 주는 것이 기록이고 책인 것이다.

내가 책을 쓰는 이유는 내가 아는 게 없고 무지해서다.

무지해서 책을 읽고 기록하는 것이고 망각하지만 기억하기 위해서 쓰는 것이고 그리는 것이다. 궁금해서 읽고 기억하기 위해서 쓴다.

살아남기 위해서 남들의 지혜와 지식을 빌리고 그것을 기록하고 그들의 지혜와 지식에, 내 생각을 조금 덧붙여 기록하는 것이고 그 기록이 쌓였기에 책으로 묶어 보관하려는 것이다. 내 삶의 여정을 기록할 뿐 그뿐이다. 기억하기 위하여.

잘 쓴다. 못 쓴다. 나무라지 않았으면 한다.

나는 기록할 뿐이다. 기억하기 위하여.

시호림 초천제에서

초명 사강

| 꼬리글 |

하늘이
내게 준 선물이
시를 쓰는 거라면

세상 공것은 없다고

시를 쓰는 댓가로
가난을 주었나 보다

해서
근근이 살아도
살아서
시를 쓰니 다행 아니냐
행복 아니냐.

峭命 金思江 제10집

問聞開門

인 쇄 2025년 10월 17일
발 행 2025년 10월 24일

지은이 김사강
펴낸곳 신아출판사
주 소 전북특별자치도 전주시 완산구 공북1길 16(태평동 251-30)
전 화 (063) 275-4000
팩 스 (063) 274-3131
이메일 sina321@hanmail.net
출판등록 제465-1984-000004호
인쇄·제본 신아출판사

저작권자 ⓒ 2025, 김사강
이 책의 저작권은 저자에게 있습니다. 서면에 의한 저자의 허락없이
내용의 일부를 인용하거나 발췌하는 것을 금합니다.
COPYRIGHT ⓒ 2025, by KIM SAGANG
All rights reserved including the right of reproduction in whole or in part in any form.

저자와 협의, 인지는 생략합니다.
잘못된 책은 바꿔 드립니다.

ISBN 979-11-24068-04-5 03810

값 12,000원

Printed in KOREA